미생물이 뭐냐고?
한 번도 못 봤다고?
그럴 거야. 우린 무지무지 작거든.
여기서 우릴 한번 만나 봐.
재밌는 세상이 펼쳐질 거야!

우글 와글
미생물을 찾아봐

글 최향숙

명지대학교 문헌정보과를 졸업한 뒤 어린이들을 위한 글을 쓰고 있습니다. 쓴 책으로는 《나는 무슨 띠일까요》, 《아침부터 저녁까지 과학은 바빠!》, 《우리 집 부엌이 수상해》, 《내가 이 세상을 만들 거야》, 《신토불이 우리 음식》, 《21세기 세상은 어떻게 변할까》, 《왜? 호기심 백과》 등이 있습니다.

그림 조은희

대학에서 시각디자인을 공부하고, 지금은 일러스트레이터로 일하고 있습니다. 1998년 서울일러스트레이션 공모전 그림동화 부문 특별상과 1999년 한국출판미술대전 그림동화 부문 장려상을 받았습니다. 쓰고 그린 책으로는 《마니 마니 마니》가 있고, 그린 책으로는 《쏴아 쏴아 무슨 소리지?》, 《벌레가 좋아》, 《꽁지 닷 발 주둥이 닷 발》, 《영치기 영차》, 《애벌레 너, 딱 걸렸어!》 등이 있습니다.

감수 이재열

서울대학교 농생물학과를 졸업하고 독일 기센대학교에서 박사 학위를 받았습니다. 독일 막스플랑크 생화학연구소에서 연구원을 역임했으며, 지금은 마을기술센터 핸즈 연구 소장으로 햇빛 에너지를 우리 생활에 어떻게 이용할 수 있을지 연구하고 있습니다. 쓴 책으로는 《우리 몸 미생물 이야기》, 《태양이 만든 난로 햇빛 온풍기》, 《바이러스학》, 《식물 바이러스학》, 《자연의 지배자들》, 《보이지 않는 보물》, 《파스퇴르가 들려주는 저온 살균 이야기》, 《미생물의 세계》, 《바이러스, 삶과 죽음 사이》, 《불상에서 걸어 나온 사자》 등이 있으며, 옮긴 책으로 《미생물의 정체를 밝혀라!》가 있습니다.

이야기 과학탐험 **우글와글 미생물을 찾아봐**

펴낸날 개정판 1쇄 발행 2017년 7월 20일 | 개정판 5쇄 발행 2021년 10월 1일
글 최향숙 | 그림 조은희 | 감수 이재열
펴낸이 강호준
기획편집 한재준, 황지영 | 디자인 정진선
마케팅 이정호, 최수현, 이선경 | 제작 이현애 | 인쇄·제본 타라TPS
펴낸곳 (주)대교 | 등록일 1979년 6월 1일 | 등록번호 제16-11호
주소 서울특별시 관악구 보라매로3길 23 대교타워
주문 전화 02)829-1324 | 주문 팩스 070)4170-4316 | 내용 문의 02)829-1098

© 최향숙·조은희, 2008
ISBN 978-89-395-7055-9   ISBN 978-89-395-7051-1(세트)

*잘못 만들어진 책은 구입한 곳에서 바꾸어 드립니다.
*이 책에 실린 사진은 타임스페이스(TIMESPACE)에 저작권이 있습니다.

우글 와글
미생물을 찾아봐

댄교북스 주니어

"엄마 손은 약손, 혜민이 배는 똥배."
엄마는 걱정스러운 얼굴로
혜민이 배를 살살 쓸어 줬어요.
하지만 우성이는 입을 삐죽댔어요.
'만날 내 간식까지 뺏어 먹더니…….
치, 쌤통이다!'

"식중독인가?
내일 아침에도 토하고 설사하면 병원에 가 보자."
엄마 어깨 너머로 혜민이 얼굴이 보였어요.
'정말 아프긴 아픈가 보네…….'
그제야 우성이도 걱정됐어요.

그날 밤 침대에서 뒤척일 때였어요.
"혜민이는 식중독에 걸린 거야."
누군가의 목소리에 우성이는 벌떡 일어났어요.
그때 다시 목소리가 들렸어요.
"나랑 같이 갈래? 그럼 혜민이를 낫게 할 수 있어."
우성이는 귀가 번쩍 뜨였답니다.
"혜민이를 낫게 할 수 있다고?"

슝~ 슝~ 슝!
"앗!"
이상한 소리가 들리더니
뭔가가 눈앞에서 커졌어요.
우성이는 그것이 꼭 꼬리 달린
소시지 같다고 생각했어요.
"야, 야! 이건 꼬리가 아니라 편모야!"
우성이는 이맛살을 찌푸렸어요.
녀석이 자기 마음을
들여다보는 것 같았거든요.
"난 젬이야. 미생물이지!
네가 볼 수 있도록 잠깐 커진 거야."

"미생물이라고?"
"그래! 내 편모를 잡아.
나하고 혜민이를 낫게 하러 가자!"
우성이는 잠깐 망설이다가 젬이 내민 편모를 잡았어요.
"엄마야! 아~악!"
우성이는 저도 모르게 고래고래 소리를 질렀어요.
갑자기 몸이 붕 떠오르며 오그라드는 것 같았거든요.
"지금부터 혜민이 몸 속으로 들어갈 거야.
너는 점점 작아지고 있는 거라고!"

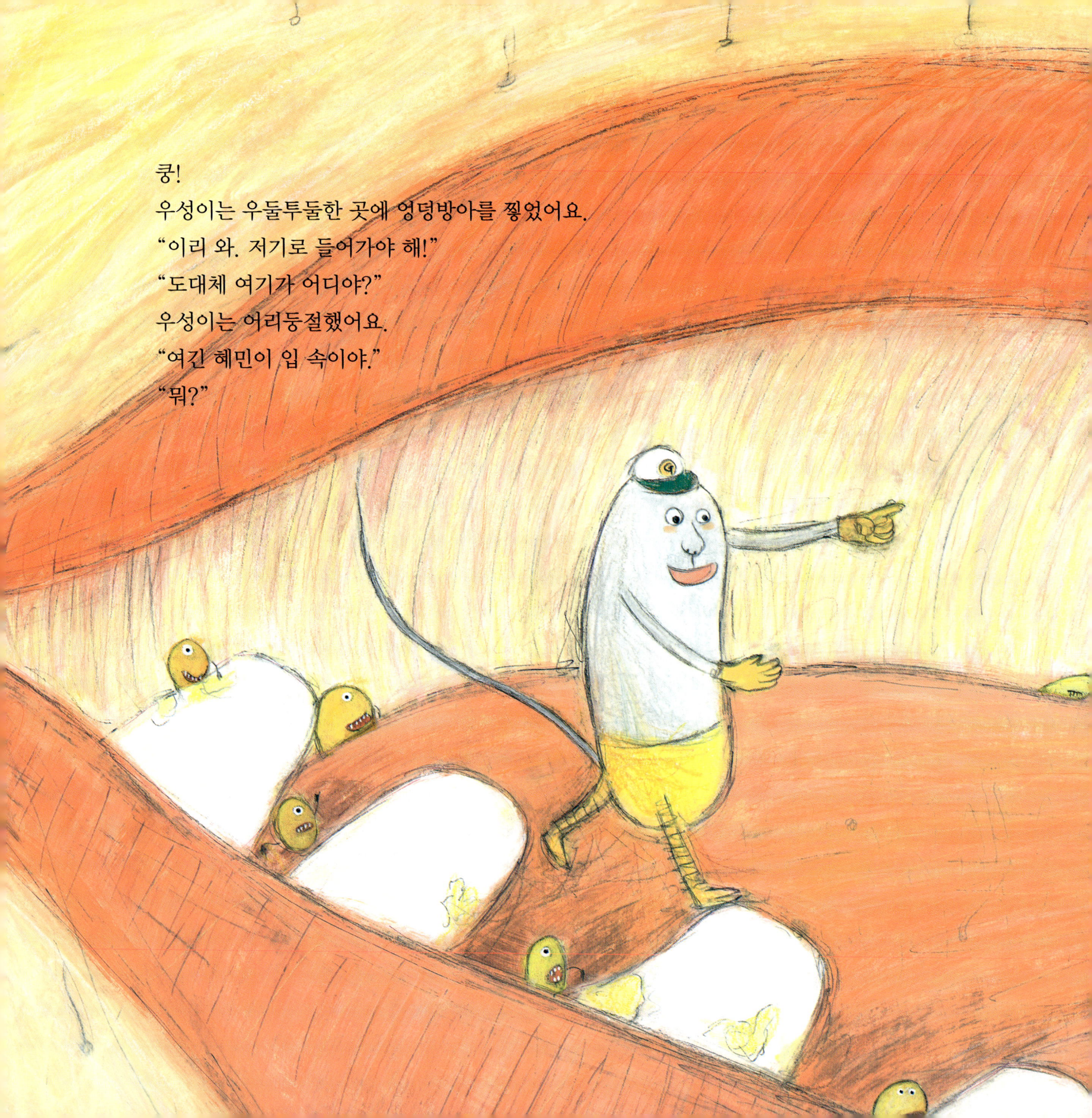

쿵!
우성이는 우둘투둘한 곳에 엉덩방아를 찧었어요.
"이리 와. 저기로 들어가야 해!"
"도대체 여기가 어디야?"
우성이는 어리둥절했어요.
"여긴 혜민이 입 속이야."
"뭐?"

"혜민이 몸 속으로 들어가서
식중독을 일으킨 녀석들을 몰아내자고."
"내가 어떻게 혜민이 몸 속으로 들어가?"
눈이 동그래진 우성이에게 젬이 눈을 찡긋했어요.
"넌 미생물만큼 작아졌다니까!
걱정 말고 그냥 나만 따라오라고."

"그럼 저 무탄스균들을 없애고 가야지!
안 그러면 혜민이 이가 다 썩잖아."
"혜민이가 아침에 이를 닦으면 걱정 없어.
그 전까지는 침이 막아 줄 거고."
젬이 막 말을 마쳤을 때였어요.
"침이 솟아오른다! 도망가!"
무탄스균들이 허둥대며 난리를 쳤어요.
그리고 잠시 뒤, 놀라운 일이 벌어졌어요.
거대한 파도가 모든 것을 집어삼키듯
침이 무탄스균을 쓸어 버린 거예요.

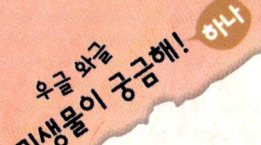
우글 와글 미생물이 궁금해! 하나

입 속에 사는 미생물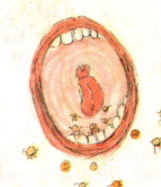

입 속은 미생물이 살기에 딱 좋아요. 우리가 음식을 아무리 꿀꺽 삼켜도 입 안에는 항상 음식이 남아 있지요. 입 안에 남은 음식물 찌꺼기는 미생물에게 아주 좋은 먹이가 된답니다. 그래서 입 속에 수많은 미생물이 살고 있는 거예요.

입 속에 사는 모든 미생물이 다 나쁜 건 아니에요. 하지만 이나 잇몸을 상하게 하는 녀석들이 있어요. '무탄스균'이 대표적인데, 이의 표면에 막을 만들고 살면서 입 속 양분을 먹어요. 그리고는 '젖산'이라는 물질을 만들어 내는데, 이 젖산은 이를 구성하는 칼슘을 없애요. 그러니까 이를 썩게 하는 거죠. 무탄스균 말고도 소브리누스균, 푸조박테리움 같은 미생물들이 이와 잇몸을 상하게 한답니다.

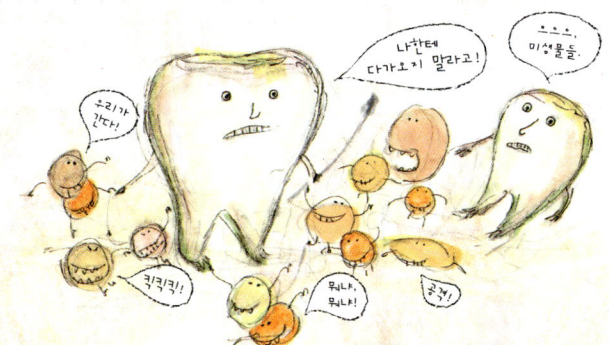

치태 (플라크)
이에 있는 치태 모습이에요.
이 치태에 미생물들이 우글 와글거려요!

 입 속 나쁜 미생물을 없애요!

우리 입 안에는 항상 침이 고여요. 침은 미생물을 없애는 소독 작용을 해요. 하지만 침만으로 충치와 잇몸 병을 일으키는 미생물을 모두 없앨 수는 없어요.

보통 하루 세 번 이를 닦으라고 하지요? 하루 세 번 이를 닦으라는 것은 식사 뒤에 이를 닦으라는 뜻이에요. 음식물 찌꺼기를 먹는 나쁜 미생물이 많이 생기기 전에 이를 닦으라는 말이지요. 또 사탕이나 초콜릿 같은 단 음식은 입 속에 사는 나쁜 미생물들이 아주 좋아해요. 그러니까 너무 단 음식을 많이 먹으면 이가 썩기 쉽겠지요?

식중독은 왜 걸릴까요?

음식을 먹고 배가 아프거나 설사를 해서 고생한 적이 있나요? 음식물을 먹고 탈이 난 것을 '식중독'이라고 하는데, 식중독은 보통 '미생물'이 일으켜요.

우리 몸에 이롭거나 아무 해가 없는 미생물도 많지만, '살모넬라균' 같은 나쁜 미생물은 상한 음식이나 더러워진 그릇 등을 통해 우리 몸 속에 들어와서 문제를 일으켜요. 그러면 좋은 미생물들이 나서서 싸우는데, 이때 좋은 미생물이 이기면 큰 문제없지요. 하지만 그렇지 못할 경우에는 병원에 입원하는 일이 벌어질 수도 있답니다.

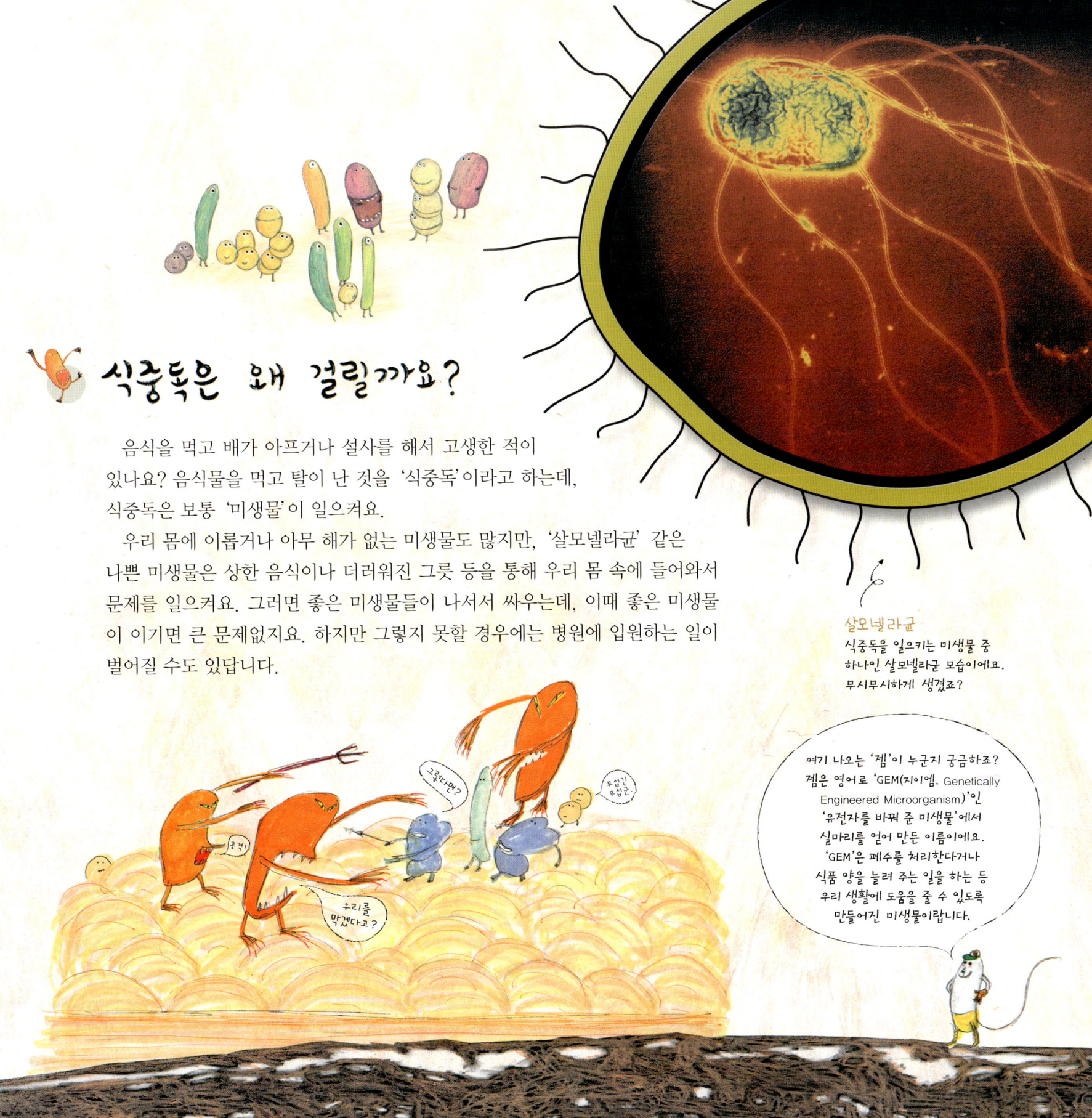

살모넬라균
식중독을 일으키는 미생물 중 하나인 살모넬라균 모습이에요. 무시무시하게 생겼죠?

여기 나오는 '젬'이 누군지 궁금하죠? 젬은 영어로 'GEM(지이엠, Genetically Engineered Microorganism)'인 '유전자를 바꿔 준 미생물'에서 실마리를 얻어 만든 이름이에요. 'GEM'은 폐수를 처리한다거나 식품 양을 늘려 주는 일을 하는 등 우리 생활에 도움을 줄 수 있도록 만들어진 미생물이랍니다.

우성이는 젬과 함께 침 속으로 뛰어들었어요.
침은 커다란 동굴 같은 것을 타고 흘러내렸지요.
"꼭 수영장에서 미끄럼을 타는 것 같아!"
우성이가 소리치자, 젬도 목소리를 높였어요.
"재밌지? 위까지 가는 길은 진짜 신난다니까!"
"위?"
"그래! 우리는 지금 위로 가는 거야!"

위 속은 꼭 뜨거운 온천 탕 같았어요.
수많은 미생물들이 위산 속에
몸을 담근 채 머리만 쏙 내밀고 있었거든요.
"도대체 저것들은 뭐야?"
"데이노코쿠스들이야."
젬은 데이노코쿠스들에게 소리쳤어요.
"얘들아, 혹시 수상한 녀석들 못 봤니?"
데이노코쿠스들이 하품을 하듯 대답했어요.
"봤지. 못생긴 녀석들이 떼로 몰려왔어.
하지만 몇몇이 위산에 녹아 버리니까, 나머지는 소장으로 도망가던데."

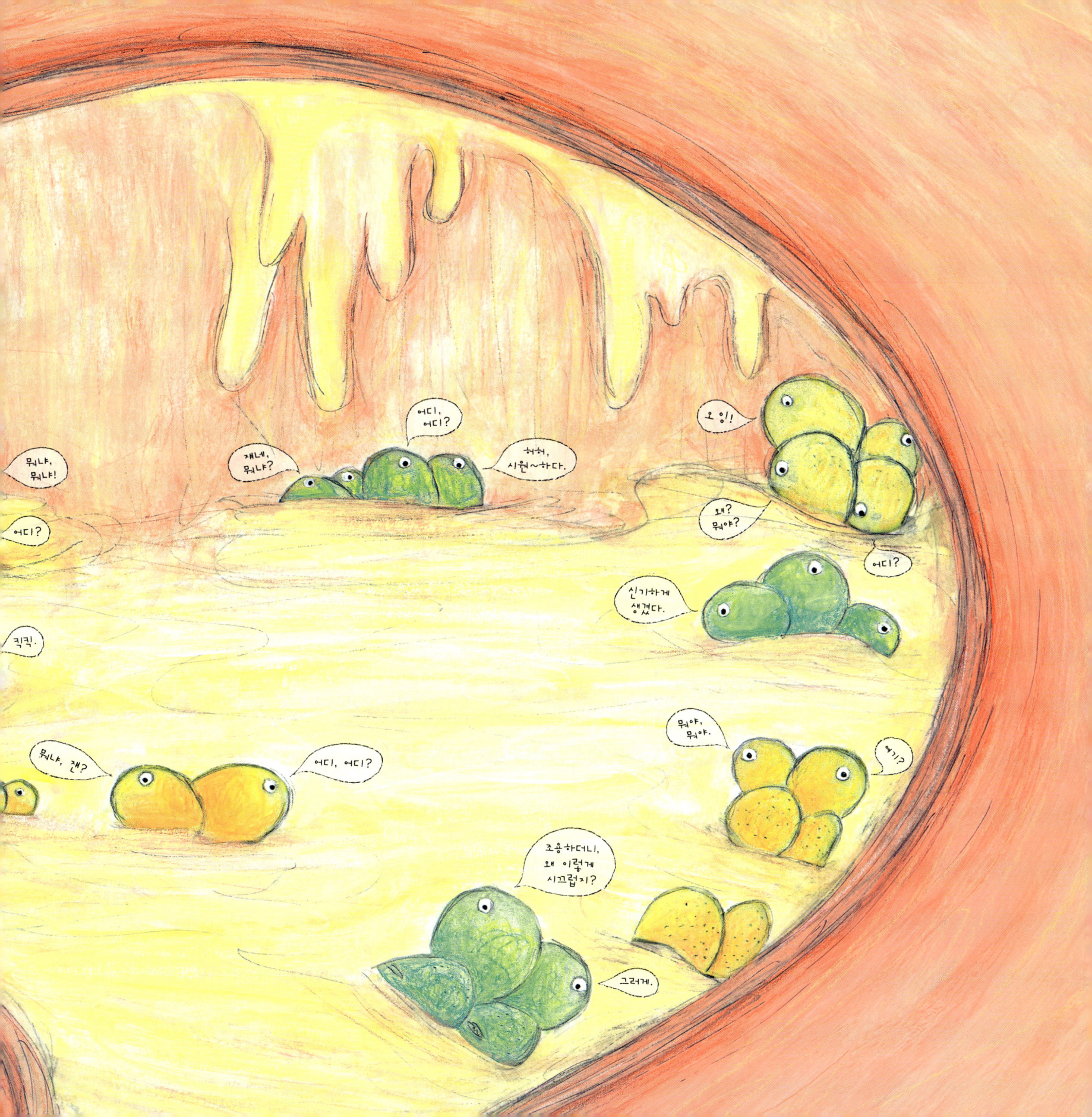

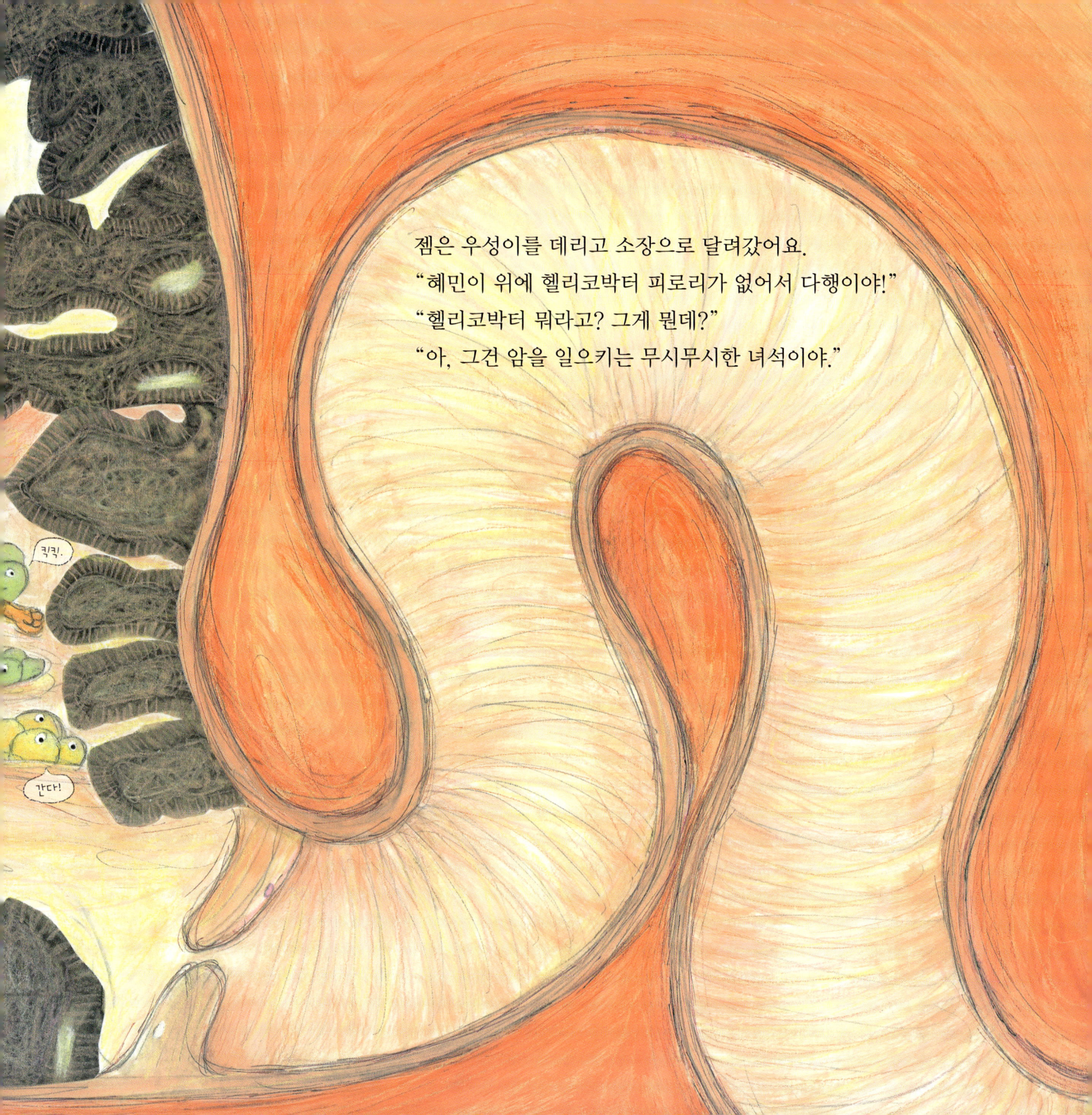
젬은 우성이를 데리고 소장으로 달려갔어요.
"혜민이 위에 헬리코박터 피로리가 없어서 다행이야!"
"헬리코박터 뭐라고? 그게 뭔데?"
"아, 그건 암을 일으키는 무시무시한 녀석이야."

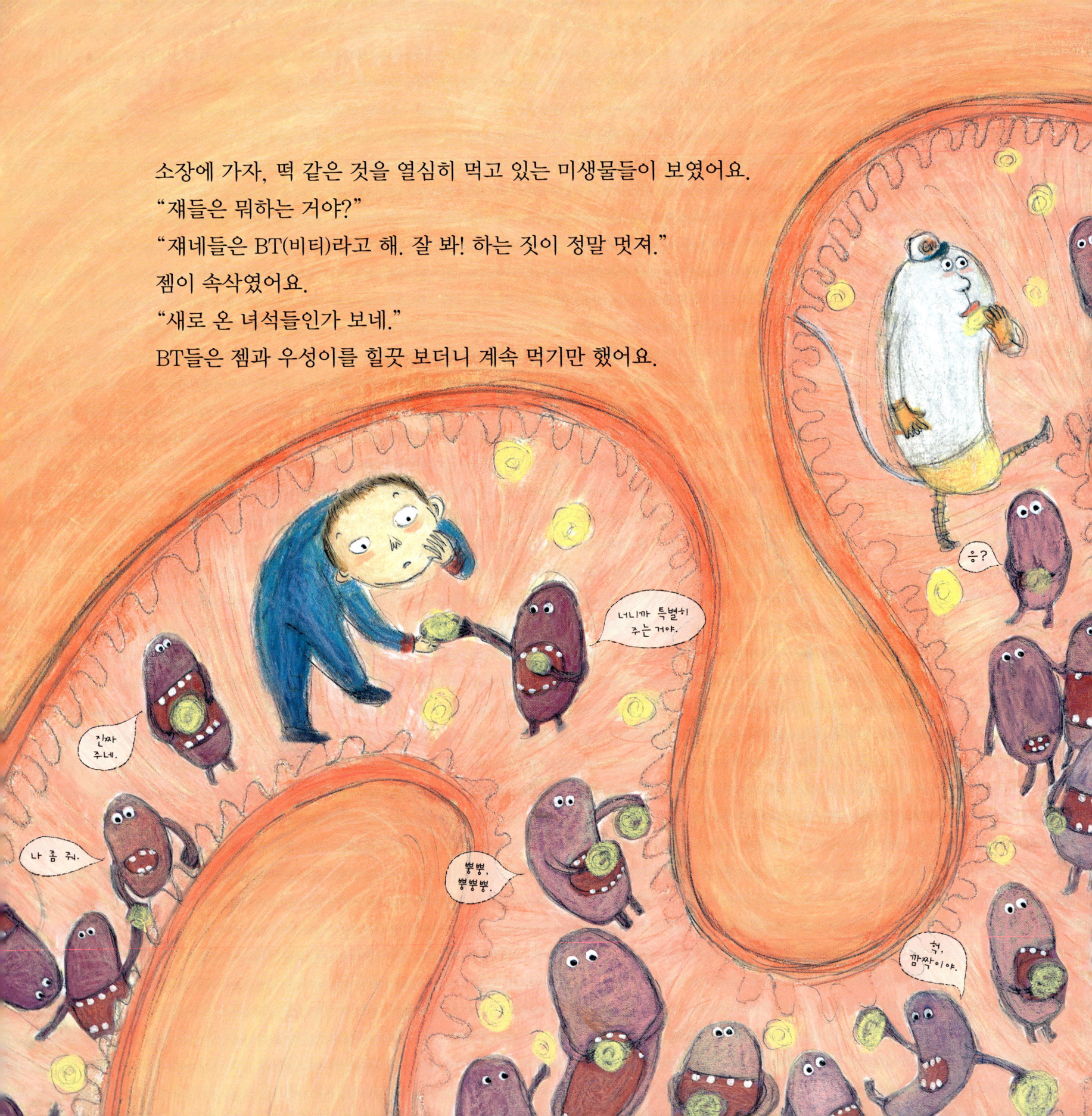

소장에 가자, 떡 같은 것을 열심히 먹고 있는 미생물들이 보였어요.
"쟤들은 뭐하는 거야?"
"쟤네들은 BT(비티)라고 해. 잘 봐! 하는 짓이 정말 멋져."
젬이 속삭였어요.
"새로 온 녀석들인가 보네."
BT들은 젬과 우성이를 힐끗 보더니 계속 먹기만 했어요.

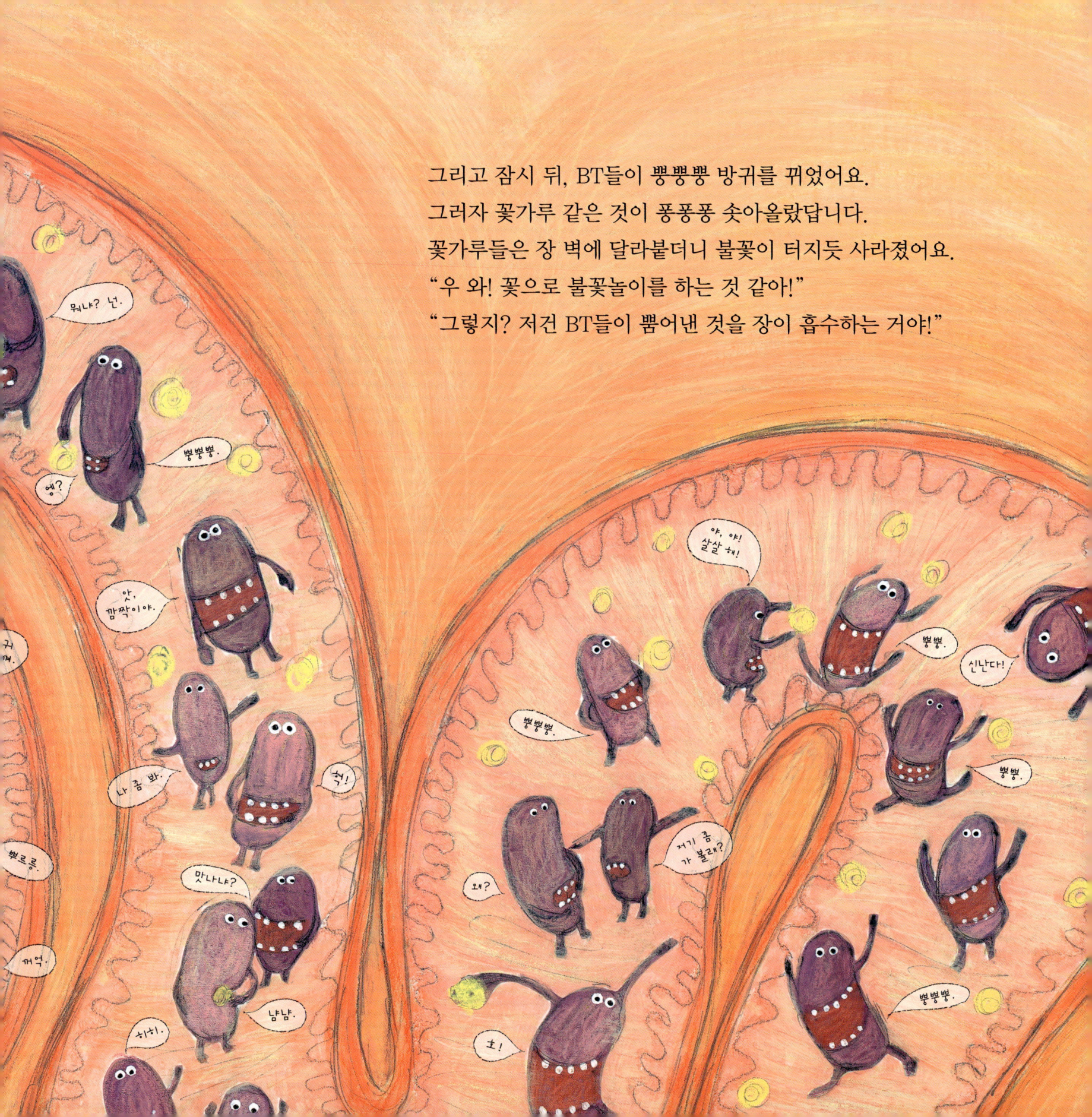

대장은 살모넬라 천지였어요.
"살모넬라들 좀 봐.
뾰족한 이빨과 긴 손톱으로 대장 벽을 쿡쿡 찌르고 있어.
게다가 비피더스랑 유산균들을 마구 괴롭혀."
젬이 긴장한 얼굴로 말했어요.
"저 녀석들을 몰아낼 방법이 없을까?"

"저기로 빠지면 어디로 가지?"
우성이가 대장 끝 부분을 가리키며 말했어요.
"직장이지. 항문으로 연결되어 똥이 나가는 곳 말이야."
"살모넬라들을 저기로 몰면 어때? 똥과 함께 몸 밖으로 쫓아내는 거야!"
순간 젬의 얼굴이 환해졌어요.
"그거 정말 좋은 생각이다!"

캡틴큐가 작전 지시를 모두 마쳤을 때였어요.
"어, 얘가 까부네. 맛 좀 볼래?"
마침 살모넬라가 유산균에게 시비를 걸기 시작했어요.
그러자 유산균들이 기다렸다는 듯 벌떡 일어났어요.
"누가 누구한테 까분다는 거야?"

"모두 작전 개시!"
캡틴큐가 소리치자
유산균들이 재빠르게 살모넬라를 둘러쌌어요.
그러자 살모넬라들은 주춤했어요.
"나쁜 녀석들, 혼 좀 나 봐라!"
유산균들이 한 발 한 발 다가서자
살모넬라들이 슬금슬금 뒤로 물러나기 시작했어요.

우왕좌왕하던 살모넬라 중 하나가
직장 쪽을 가리키며 소리쳤어요.
"일단 저쪽으로 피하자!"
그러자 살모넬라들은 너 나 할 것 없이 직장으로 뛰어들었어요.

이때 대장 속 음식물 찌꺼기도 한꺼번에 직장으로 내려가
직장이 꽉꽉 찼어요.
그러자 직장 문이 활짝 열렸답니다.
눈 깜짝할 사이 살모넬라들이 몸 밖으로 밀려 나갔지요.
"됐어. 우리도 어서 가자!"
젬과 우성이도 혜민이의 몸 밖으로 달려 나갔어요.

뜨거운 위에서도 미생물이 살 수 있을까요?

위벽에서는 '위산'이 끊임없이 흘러나와요. 위산은 음식을 소화시키는 소화액인데, 모든 것을 다 녹여 버릴 만큼 뜨겁지요. 이렇게 뜨거운 위산 속에서도 꿋꿋이 살아가는 미생물들이 있습니다. '데이노코쿠스 라이오듀런스'가 대표적인데, 이 미생물은 뜨거운 온천에서도 살지요.

헬리코박터 피로리
위에서 살면서 위염과 위암을 일으키는 미생물인 헬리코박터 피로리예요. 저기 보이는 기다랗고 가느다란 편모로 빠르게 위 속을 움직인대요.

미생물은 대장을 좋아해요

사람의 몸 속에서 가장 많은 미생물이 사는 곳은 어디일까요? 그곳은 바로 '대장'이에요. 대장은 우리가 먹은 음식의 양분을 흡수하고, 그 찌꺼기를 몸 밖으로 내보내는 곳이에요.

대장 속 내용물 1g에는 지구에 살고 있는 사람 수보다 더 많은 미생물이 살고 있답니다.

고마운 미생물을 만나 봐요

우리 몸 속에서 우리에게 도움을 주는 미생물은 어떤 것이 있을까요?

대표적인 미생물이 바로 '비피더스'입니다. 비피더스는 장에서 흡수되고 남은 음식 찌꺼기가 몸 밖으로 잘 배출되도록 돕는 미생물입니다. 그러니까 비피더스 덕에 우리가 아침마다 시원하게 똥을 눌 수 있는 거예요.

'박테로이즈 세타이오타오마이크론'은 흔히 'BT'라고 불리는 미생물인데, 역시 장에서 음식물의 소화와 흡수를 돕습니다. 유산균 중에는 우리 몸에 꼭 필요한 비타민을 만들어 내는 미생물도 있답니다.

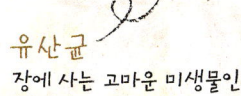
유산균
장에 사는 고마운 미생물인 유산균 모습이에요.

똥의 1/3은 미생물이에요

우리가 눈 똥을 말려서 성분을 분석해 보면, $\frac{1}{3}$은 소화되고 남은 음식물의 찌꺼기이고, $\frac{1}{3}$은 우리 몸에서 떨어져 나온 죽은 세포입니다. 그리고 나머지 $\frac{1}{3}$은 '미생물'이지요. 이렇게 많은 미생물들이 똥을 통해 몸 밖으로 빠져나오면, 우리 몸에서 미생물이 없어지는 게 아니냐고요?

아니에요. 우리 몸의 미생물들은 똥으로 나오는 미생물만큼 새로운 미생물을 탄생시키니까요.

젬과 우성이는 가까스로 변기 위로 기어 올라갔어요.
"우리가 해냈어!"
둘이 손을 맞잡고 활짝 웃고 있을 때였어요.
"살려 줘! 제발!"
살모넬라 하나가 변기 끝에 매달려 울부짖고 있었어요.
"저 녀석은 살려 주자!"
우성이 말에 젬이 고개를 저었어요.
"무슨 소리야? 다시 병을 일으킬 수도 있어!"
"하지만 저 녀석이 어떻게 혜민이 몸 속으로
들어갔는지 알아내야 해.
그래야 다시 병에 걸리지 않을 게 아냐?"
"틀린 말은 아닌데……, 하지만 조심해야 해."

젬이 우성이 팔을 잡았어요.
"뭔가 꿍꿍이가 있는 것 같아."
"걱정 마. 살모넬라들이 득실대는 곳에서도 문제없었잖아."

"자, 이제 네가 원래 어디 있었는지 말해 봐!"
순간, 살리의 눈이 번쩍였어요.
"어디서 오긴! 상한 음식에서 왔지. 으하하!
얘들아, 다 나와 봐!"
살리의 말이 떨어지기 무섭게
곳곳에서 살모넬라들이 고개를 내밀었어요.
"얘들아, 이 녀석들이 우리 친구들을
모두 하수구로 몰아넣었어!"
"뭐라고?"

살모넬라들이 손톱을 세우고
젬과 우성이에게 달려들었어요.
"어서 도망쳐!"
젬이 우성이에게 소리쳤어요.
"젬, 미안해. 네 말을 들었어야 했는데……."
"미생물들은 한시도 방심하면 안 돼!"
도망치던 젬과 우성이는 막다른 곳까지 쫓겨 왔어요.
"낭떠러지야! 이젠 어쩌지?"

순간 젬이 하늘로 날아오르며 소리쳤어요.
"어서 내 편모를 잡아!"
우성이는 망설임 없이 젬을 향해 뛰어올랐어요.
"잡았어. 앗!"
그러나 우성이는 주르륵 미끄러져 내리고 말았답니다.
"살려 줘, 젬!"
우성이는 비명을 지르며 끝없이 아래로 곤두박질쳤어요.

"아이코! 엄마야!"
우성이는 딱딱한 바닥에
나동그라졌어요.
그때 엄마가 방으로 들어왔어요.
"잠버릇 하고는……. 쯧쯧."
우성이는 가만히 일어나 앉았어요.
'꿈을 꾼 걸까?'

그때 열린 문틈 사이로 혜민이가 나타났어요.
"오빠, 고마워!"
혜민이의 속삭임에 우성이는 눈이 동그래졌어요.
'꿈이 아니었구나. 혜민이는 모든 걸 알고 있는 거야!'
우성이는 주위를 두리번거렸어요.
'그럼, 젬은 어딨지?'
하지만 곧 씩 웃고 말았답니다.
이렇게 커진 우성이 눈에 보일 젬이 아니니까요!
하지만 어딘가 있을 젬을 향해 우성이는 속삭였어요.
"고마워, 젬."

우리 주변에는 어떤 미생물이 있을까요

우리 몸 속에는 정말 많은 미생물이 살고 있지요? 그런데 미생물은 우리 몸 속에만 살고 있는 게 아니에요. 우리 주변 어디에나 살고 있답니다. 이 세상에서 미생물이 살지 않는 곳은 없다고 생각해도 좋을 정도예요.

음식 찌꺼기와 물기가 있는 도마와 행주도 미생물이 살기 좋은 천국이에요.

책을 갉아먹는 미생물도 있어요.

이불이나 베개도 미생물이 살기 좋은 곳이죠. 이불과 베개에 붙은 살갗 부스러기가 미생물의 좋은 먹이니까요.

동물의 몸과 털에도 미생물이 살아요. 강아지나 고양이 같은 애완동물도 예외가 아니죠.

흙 한 줌에 지구에 사는 사람들의 수보다 더 많은 미생물이 산다는 것, 상상이 가나요?

사람 몸 속뿐만 아니라, 사람 살갗도 미생물이 살기에 아주 좋아요. 특히 발가락 같은 곳은 미생물이 아주 좋아하지요.

미생물이 고마워요

미생물은 병을 고치는 데도 이용합니다. '페니실륨'이라는 곰팡이는 나쁜 미생물만 없애, 병을 고치는 데 큰 역할을 했어요. 특히 상처가 곪아 병이 커지는 것을 막아 많은 생명을 구했습니다.

미생물은 환경을 깨끗하게 만드는 데도 한몫하고 있습니다. 어떤 미생물은 나쁜 냄새를 만들어 내고 사람의 건강을 위협하는 가스를 먹어 치우는데, 이런 미생물을 이용하면 하수구 같은 데서 나는 냄새를 없앨 수 있지요.

또 몇몇 미생물들은 물 속에 녹아 있는 독소만 골라 먹는답니다. 이런 미생물을 이용하면, 오염된 물도 깨끗이 만들 수 있어요.

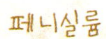

페니실륨
'푸른곰팡이'라고 불리는 '페니실륨'이에요.
좋은 미생물이라서 그런지, 꽃처럼 생겼네요.

미생물을 이용해요

우리 몸에 좋은 미생물은 우리가 먹는 음식에 이용하기도 합니다.

우리 몸에 좋다고 잘 알려진 김치와 된장 같은 우리 전통 음식은 모두 미생물의 발효 작용에 의해 만들어진 음식입니다. 미생물이 김치와 장을 익게 하는데, 이 과정에서 우리 몸에 좋은 성분이 생기는 거예요.

치즈나 요구르트와 같은 음식 역시 미생물을 이용해 만든 건강식품입니다. 아빠들이 좋아하는 술 역시 미생물의 작품이지요.

우리 몸의 해독기능 미생물로부터 보호해줘

미생물의 99%는 우리몸에 도움을 주는데 해로운 건 단 1%뿐이에요. 우리에게 해로운 미생물로부터 몸을 보호하기 위해 피부가 1차 방어선이지요. 피부는 땀을 만들 수 있어요. 해로운 미생물을 땀에 섞여 내보내고 마지막으로 좋은 향기를 만들어 내요. 그 냄새를 없앨까요?

미생물이 많이 붙어 있는 발, 겨드랑이에 땀이 많이 나서 좋은 향이 나고, 해로운 미생물이 땀으로 빠져나가요.

발, 겨드랑이에 땀이 나고 좋은 향기가 나네?

각종 미생물이 몸에 들어오지 않게 해씨거든요. 눈물, 콧물, 침, 귀지도 미생물이 목, 코, 입, 귀로 들어오지 못하게 해요.

목욕을 할 때 너무 세게 미는 건 좋지 않아요?